自分の人生は何点かな
納得できれば
採点はいらないね

ことば・イラスト
ながやす ひさこ
Hisako Nagayasu

Parade Books

自分が落ち込んだり、悲しい気持ちになったとき

自分のことが見えなくなったときに

読みましょう

自分の価値観を押し付けない

いろんな考え方があるよね

それがわかると成長するよ

自分にないものを他の人はたくさんもっている

弱音がはける環境は
必要なこと

悩みを話せる人がいることは幸せなこと

みんな何かの問題をかかえています

話すことで気持ちが楽になるよ

自分の中の「こうあるべき」は
見直すこと

時代の変化に刺激を受けて、
頭の中のスイッチを切り替えよう

人を好きになることは
成長していること

相手の長所が見えているからね

自分の短所もわかる

人生は考え方で
何とでもなるよ

いろんなことを経験すれば、
どんな道でも前に進むことができるよ

今の自分と向き合ってごらん

前を向いて歩こうよ
いいことがあるかも
しれないから

ブルーな気持ちの時、
空を見上げるとピンク色に輝いていた
どんな時でも未来はある

今の自分と向き合えば
見えてくるものがある

日々の生活に追われ、
気が付かないことがあるかも

立ち止まってごらん

ちいさなことが
うれしく感じることは
幸せなこと

思いやりや優しさを持っている人は感じます

人の気持ちが素直に聞ける人はわかるでしょう

目標に向かって進むことは、
自分が成長しているあかしです

自分の苦手なこともやりましょう

工夫してできればそれが成長です

自分の気持ちだけを優先すると
成長は難しくなるよ

周りの人の意見や自分の思いを丁寧に説明しよう

人の話を素直に聞かない人は学べない

人のせいにする人は
自分が未熟だから

言い訳や自分勝手な思いを押し付けないで

今の自分と向き合うこと

気が付くよ、きっと……

人の話を聞く側になれば、
その人の性格がわかる

話は受け身ですると相手の人の
いろいろなことがみえてくるよ

自分の人生の終わりが
どんな形になるか？
少し早く知りたいなぁ

心の準備は……そんなことはいらない

自分が主人公だからね　自然体で

自分の人生は何点かな？
自己採点はできないね

こんなことが気になる歳になりました

長く生きると振り返ることもたくさんあるよね

課題があると
エネルギーが出てくるね

エネルギーは全部、自分で作るもの！

自己満足でも頑張ろう！

自分のことを好きになろうよ

経験して、失敗して、
成長すれば自分が見えてくるよ

できることと
できないことの判断は
最後までがんばれるかです

苦手なことができない人は、
工夫することにアレルギーがある人かもしれませんね！

だけどほかの人よりできることはたくさんあると思う

初めてのことにチャレンジして

新しいことを見つけよう

時代の流れとともに次世代にどう流れていくか

これも自分らしく流れていきましょう

著者より

いろんなことを振り返ることができて
こんなにうれしいことはありません。
感謝の気持ちがすべてです。

イルカは幸運、信頼を高めて
運気がアップするものです。

自分の人生は何点かな
納得できれば採点はいらないね

2023年6月14日　第1刷発行

著　者　ながやす ひさこ

発行者　太田宏司郎
発行所　株式会社パレード
大阪本社　〒530-0021　大阪府大阪市北区浮田1-1-8
TEL 06-6485-0766　FAX 06-6485-0767
東京支社　〒151-0051　東京都渋谷区千駄ヶ谷2-10-7
TEL 03-5413-3285　FAX 03-5413-3286
https://books.parade.co.jp
発売元　株式会社星雲社（共同出版社・流通責任出版社）
〒112-0005　東京都文京区水道1-3-30
TEL 03-3868-3275　FAX 03-3868-6588
装　幀　河野あきみ（PARADE Inc.）
印刷所　中央精版印刷株式会社

ISBN 978-4-434-32069-9 C0070